Bernhard Pesch

Waldburg

- Das Haus und die Burg

book on demand, Waldburg 2010

Inhalt

Zum Geleit 3

Vom Anfang bis ins Frühmittelalter 5

Hochmittelalter 12

Spätmittelalter 25

Renaissance 34

Die letzten 200 Jahre 49

Literatur 59

Herstellung und Verlag:
Books on Demand GmbH, Norderstedt
ISBN 978-3-8391-6448-8

Zum Geleit

Warum die Waldburg spannend ist? Als Johannes II. von Waldburg 1424 starb, vereinbarten seine drei Söhne, den umfangreichen Besitz der Waldburger unter sich aufzuteilen. Die Waldburg selbst als Stammburg sollte allen drei Linien gleichermaßen gehören und sie an ihr Erbe und ihre Zusammengehörigkeit erinnern. Im 16. Jahrhundert gelang es dem Bauernjörg, Truchsess Georg III., alle Besitzanteile der Burg auf sich zu vereinigen, so dass sein Sohn und sein Enkel zu einer umfassenden Renovierung der mittelalterlichen Burg im Renaissance-Stil ansetzen konnten. Georg III. achtete die Traditionen seiner Familie und als er zum Statthalter von Württemberg bestellt wurde, konnte er in den dortigen Archiven umfangreiche Recherchen über seine Familiengeschichte betreiben. So entstand damals schon die sogenannte Pappenheim-Chronik, eine der ältesten Adelschroniken überhaupt. Dies sind die beiden Umstände, denen wir verdanken, dass einerseits die Geschichte des Hauses Waldburg sehr gut erforscht ist und andererseits in der Waldburg eine der besterhaltenen mittelalterlichen Burgen (wenn auch im Renaissance-Kleid) als Ort für diese Geschichte zur Verfügung steht. Dieses Gedenken scheint in den letzten Jahren etwas vernachlässigt worden zu sein, denn obwohl es eine umfangreiche Literatur zum Thema Waldburg gibt, sind viele Zusammenhänge, besonders aus der früheren Geschichte der Familie, fast in Vergessenheit geraten. Das Museum auf der Waldburg gibt über Vieles kaum Auskunft und auch das 2008 erschienene Buch von Max Graf von Waldburg „Die Waldburg in Schwaben", das über etliche Bereiche eingehend informiert, gibt keinen Gesamtüberblick.
Seit dem Ursprung der Familie Waldburg waren Mitglieder der Familie bei historisch bedeutsamen Ereignissen

involviert, so dass die Familiengeschichte schnell zu einem Geschichtsbuch wird, in dem Geschichte anhand ihrer Protagonisten lebendig wird. Ich hoffe, so einen Beitrag zu leisten, diesen Teil der regionalen Geschichte und die damit verbundenen Geschichten im Bewusstsein zu halten.

Bernhard Pesch im Februar 2010

Vom Anfang bis ins Frühmittelalter

Weithin sichtbar auf dem höchsten Hügel am Rande des Schussentales ruht die Waldburg. Sie überblickt die gesamte Landschaft und wurde deshalb von vielen Generationen als „das Wahrzeichen Oberschwabens" wahrgenommen. Tatsächlich überragt sie mit ihren 800 Metern den Bussen um wenige Meter und ist damit der höchste Punkt bis zur Alpenkette. Die Frage, ob die Waldburg noch Oberschwaben oder vielleicht schon eher Allgäu ist, lässt sich nicht einfach beantworten. Heutzutage werden diese beiden Landschaften anhand der Wasserscheide zwischen Schussen und Argen unterschieden. Als auf dem höchsten Punkt gelegen liegt die Waldburg damit genau auf der Grenze. Allerdings bezeichnete das Allgäu als „Alpgau" ursprünglich eine karolingische Gaugrafschaft in den Alpen, lag damit also viel weiter östlich. Oberschwaben, in hochmittelalterlichen Quellen als „Suevia Superior" bezeichnet, umfasste dagegen den gesamten südlichen Teil des Herzogtums Schwaben. Neben dem heutigen Oberschwaben gehörte der bayrische Regierungsbezirk Schwaben, Vorarlberg und große Teile der deutschen Schweiz dazu. Wenn also das mittelalterliche Verständnis von Oberschwaben zugrunde gelegt wird, liegt die Waldburg tatsächlich in dessen Mitte und wird damit zurecht als Wahrzeichen Oberschwabens bezeichnet.

Der Burgberg bildete sich in der letzten Eiszeit bis 10 000 v. Chr. als Endmoräne. Moränen sind Schuttablagerungen, die von Gletschern bei ihrer Bewegung mitbewegt und aufgehäuft wurden. An Endmoränen kann die größte Ausdehnung eines ehemaligen Gletschers erkannt werden.

Der Name "Waldburg"

In den ältesten Schriften wird die Waldburg als „walpurch" bezeichnet, was insofern verwunderlich ist, dass bereits im Alt- und Mittelhochdeutschen der Wald als Wald, nicht etwa als Wal benannt wird. So erscheint die Möglichkeit, dass mit Waldburg gar nicht der Standort der Burg hoch über dem Altdorfer Wald gemeint sein könnte. Als ethymologische Herleitung bietet sich einerseits der Wall als Aufschüttung an, ist jedoch unwahrscheinlich, weil auf der Spitze jenes Moränenhügels sicher niemals Platz für eine derartige Befestigung war. Die zweite mögliche Herleitung kommt über den Begriff „wal" in seiner Bedeutung als „welsch". Welsch meinte im altgermanischen zunächst die Angehörigen des keltischen Stammes der Volcae, eines der ersten Keltenstämme, mit denen Germanen in Verbindung traten. Von dort übertrug sich das Wort als Bezeichnung aller Kelten, dann der romanisierten Kelten und letztlich auf die Römer. Naheliegend ist diese Deutung, weil auch das heutigen Bad Waldsee als

Walasee dem gleichen Wortstamm entspringt.

In den Jahren 259/260 überrannten alemannische Stämme den Limes und zerstörten die Ordnung der römischen Grenzprovinzen. Erst um 280 hatte sich das Reich soweit stabilisiert, dass Kaiser Aurelian die neuen Grenzen in Süddeutschland definieren konnte. Demnach zogen sie sich über Rhein und Bodensee der Iller entlang nach Norden. Auch folgten die Grenzen nicht einer starren Linie, vielmehr wurden an bestimmten Punkten Reitergarnisonen eingerichtet, die im Bedarfsfall einer feindlichen Heermacht entgegentreten konnten. Solche Garnisonen befanden sich bei Isny (Vermania) und in Bregenz (Brigantia). Vor diesem Hintergrund könnte spekuliert werden, dass der höchste Punkt am Rande des Schussentals, die Endmöräne von Waldburg, durchaus als römischer Beobachtungsposten geeignet gewesen wäre. Es entspräche einer gewissen Logik, wenn dieser Beobachtungsposten von den ersten germanischsprachigen Siedern der Gegend, den Alemannen, die Bezeichnung „welsche Burg", Walpurch bekommen hätte.

Tatsächlich wäre es gut möglich, dass auf dem höchsten Punkt zwischen schwäbischer Alb und Alpen schon sehr lange ein Beobachtungsposten gestanden haben könnte. Nicht nur für die Römer wäre er von besonderer strategischer Bedeutung gewesen. Auch die durch Ausgrabungen nachgewiesene Alemannensiedlung in Weingarten vom 6.

bis zum 8. Jahrhundert könnte durch diesen Posten vor herannahenden Feinden gewarnt worden sein. So könnte sich erklären, warum sich der Name „welsche Burg" – Waldburg aus der Zeit der Römer erhalten haben könnte.

Legenden

„Zue Zeitten Kaiser Constantini des Ersten regiert Inn Swaben Hertzog Rumelus hartt genannt als ein Fürst des Lannds, der hett ainen getrewen vnnd fromben diener, Gebhartt genannt, dem gab er das Schloß Walltpurg sampt der Herrschafft..."

So beginnt Graf Pappenheim seine im Auftrag des Bauernjörg erstellte Geschichte des Hauses Waldburg und auch ein in der Waldburg ausgestelltes Historiengemälde erinnert an diese Begebenheit. Tatsächlich bezog sich Pappenheim auf eine schwäbische Geschichte, die ein Herr namens Thomas Lirer im Auftrag der Grafen von Werdenberg geschrieben hatte. Leider nur war dieser Thomas Lirer ein Schmeichler und ein Scharlatan und seine Behauptungen, die er angeblich aus einer alten Quelle zog, frei erfunden. Nicht nur zu Zeiten der römischen Kaiser soll es nach der Pappenheim-Chronik bereits Waldburger gegeben haben. Eine andere legendäre Gestalt ist Graf Babo von Waldburg, der angeblich im Jahre 740 zu Amberg am Lech den Tod fand. Bei Amberg fand damals die entscheidende Schlacht eines vereinigten Heeres aus Bayern und Alemannen gegen die Franken statt. Das Herzogtum Alemannien verlor dadurch entgültig die

Unabhängigkeit, aber ein Waldburger war sicher nicht am Kampf beteiligt.

Eine gesicherte erste Erwähnung der Waldburg als Bauwerk stammt erst aus dem Jahr 1147. Das Geschlecht der Waldburger taucht dagegen bereits 1108 in Person des Abtes Cuno von Waldburg aus dem welfischen Hauskloster Weingarten auf. Ein Waldburger in dieser angesehenen Position legt die Vermutung der Entstehung der Waldburg und des damit verbundenen Geschlechtes bereits im 11. Jahrhundert nahe. 1995 konnte eine baugeschichtliche Untersuchung einen quadratischen Bau nachweisen, wahrscheinlich einen salischen Wehrturm aus der Zeit vor der Palaserstellung 1220. Der Typus des salischen Wehrturmes taucht in unserer Gegend häufig auf. Für die Anlage auf der Waldburg lässt sich vermuten, dass sie von den Landesherren, den Welfen zu Altdorf, errichtet wurde, um deren Besitz im mittleren Schussental zu schützen. Die exponierte Lage erlaubte einerseits einen weiten Ausblick über ganz Oberschwaben und den Voralpenraum, andererseits mittels optischer Signale die Warnung vor anrückenden Streitkräften. Sicher gab es im in Frage stehenden Zeitraum eine Vielzahl von Anlässen für die Welfen, einen solchen Turm zu erbauen. Besonders die Zeit des Investiturstreites fällt ins Auge.

Salischer Wehrturm

Zu Beginn des Hochmittelalters war die Kirche verweltlicht und vielfach mit weltlicher Macht und Adel verflochten. Diese Zustände waren Reformern aus den Klöstern Cluny und Hirsau ein Dorn im Auge. Diese Reformer scharten sich um Papst Gregor VII., der versuchte, die Kirche aus ihren weltlichen Verstrickungen zu lösen. So gerieten Kaiser Heinrich IV. und der Papst in Streit, wem das Recht, Bischöfe zu bestimmen, zustünde. Im Januar 1076 löste sich Heinrich auf dem Reichstag von Worms von der Kirche, indem er den Papst als unrechtmäßig bezeichnete. Daraufhin legte Gregor den Kirchenbann über den Kaiser. Das führte dazu, dass viele deutsche Adlige vom Kaiser abfielen, unter ihnen Welf IV, der Herr des oberschwäbischen Hausgutes der Welfen um Ravensburg und Weingarten. Der Kaiser zog im Januar 1077 nach Canossa, wo der Papst den Kaiser vom Bann löste. Allerdings konnte auch der Kniefall von Canossa den Streit nicht beenden.

Im Mai 1077 wurde Welf IV. vom Kaiser unter Acht gestellt. Schließlich musste Welf nach Ungarn fliehen, während der Kaiser sein Land mit Krieg überzog. Die Gegner des Kaisers wählten Rudolf von Rheinfelden zum König, der jedoch 1080 in der Schlacht von Hohenems unterlag. 1084 eroberte Kaiser Heinrich Rom und verwüstete es. Lässt sich die Errichtung eines ersten Wehrturmes auf dem Hügel von Waldburg in dieser stürmischen Zeit denken?

1089 heiratete Welfs Sohn, Welf V. Mathilde von Tuscien, die als Herrin von Canossa eine der glühendsten Anhängerinnen des Papstes war. Im Jahre 1096 versöhnte sich Welf IV. mit dem Kaiser und konnte in seine Ländereien im Schussental zurückkehren. Auch die Ernennung des Cuno von Waldburg könnte im Zusammenhang mit dem Investiturstreit stehen. Im Jahre 1080 ernannte Welf IV. zwei Äbte aus dem Reformkloster Hirsau für sein Hauskloster in Weingarten. Auf diese Art demonstrierte er seine Verbundenheit mit dem Reformwerk des Papstes und damit seine klare Position im Investiturstreit. Nach seinem Tod übernahm Welf V., von dem bekannt ist, dass er eine weit kaiserfreundlichere Politik verfolgte als der Vater, die Regierung des welfischen Besitzes in Oberschwaben. Die Einsetzung des Cuno von Waldburg im Jahre 1108 könnte dahingehend interpretiert werden, dass Welf V. versuchte, die päpstlichen Kräfte in seinem Einflussbereich zurück zu drängen. Er versicherte sich der vollen Loyalität des Klosters, indem er das Mitglied einer bewährten Ministerialienfamilie zum Abt bestimmte.

Hochmittelalter

Zunächst erscheinen die Waldburger als Dienstmannen beziehungsweise Ministerialien der Welfen in deren schwäbischen Besitzungen um Ravensburg und Weingarten. Ministerialien sind eine neue Gruppe Adliger, die im 11. Jahrhundert auftaucht. Es sind oftmals unfreie Gefolgsleute mächtiger Adliger, die von diesen in bedeutenden Positionen eingesetzt werden. Im Gegensatz zu alteingesessenen Grafen und Rittern wurde von den neuen Ministerialien größere Treue und Loyalität erwartet. Der bereits erwähnte Abt Cuno vom Kloster Weingarten war vermutlich der Onkel der Brüder Friedrich und Heinrich von Waldburg. Friedrich, der ältere der beiden, erlebte viele Kriegszüge im Gefolge Welfs VI. Unter anderem kämpfte er für Friedrich Barbarossa auf dessen bekannten Feldzug gegen Mailand und unterstütze seinen Herren in Tuscien, wo dieser seine dortigen Ländereien zu ordnen trachtete. Welfs Sohn Welf VII. starb 1167 vor der Zeit und hinterließ den Vater ohne Erben. Deshalb zog sich der alte Welf aus dem politischen Leben zurück. Seine Ländereien bot er seinem ältesten Neffen, dem Herzog Heinrich dem Löwen von Braunschweig, zum Kaufe. Doch der wollte den geforderten Preis nicht zahlen, weshalb sich Welf an den Sohn seiner Schwester Judith, Kaiser

Friedrich Barbarossa, wandte. So entstand ein Erbvertrag, nach dem die schwäbischen Ländereien mit dem Tod Welfs an den Staufer Friedrich Barbarossa fallen sollten. Politisch zurückgezogen und familiär ohne Zukunft, dafür aber mit immensen Geldsummen durch den Verkauf seiner Ländereien ausgestattet, entwickelte Welf einen viel beachteten Lebensstil. Die „Historia Welforum", eine in Weingarten geschriebene Welfengeschichte, rühmte seinen Hof als beispielhaft, als Prototyp des königsgleichen Adelshofs im 12. Jahrhundert. Hier steht auch, dass Welf auf königliche Weise die Hofämter versehen hätte. Dies ist vielleicht der entscheidende Hinweis auf die Erlangung der ersten Truchsessenwürde durch den Waldburger Friedrich. Tatsächlich war es keinesfalls üblich, dass sich Adlige unterhalb des Königs mit den vier Hofämtern ausstatteten. Dass dies im Falle Welfs VI. ein Sonderfall war, beschreibt die Historia Welforum. In diesem Zusammenhang, im Versuch Welfs VI., königsgleich zu repräsentieren, muss also die erste Ernennung eines Waldburgers zum welfischen Truchsessen gesehen werden.

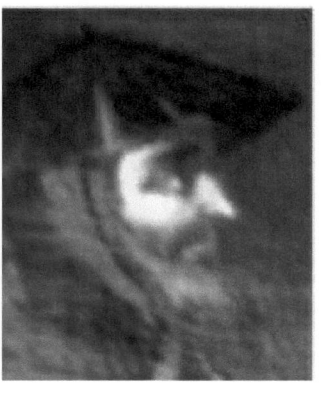

Heinrich von Waldburg

Um 1183 starb Truchsess Friedrich, so dass sein ältester Sohn Heinrich an seine Stelle trat, zweifellos mit der Aufgabe, die Ausschweifungen des alten Welf zu organisieren. Nach Welfs Tod 1191 ging das Stammgebiet um Ravensburg und Wengarten und damit auch seine Ministerialien dem Erbvertrag entsprechend an den Staufer Friedrich Barbarossa.

Barbarossa hatte 4 Söhne: Friedrich, der mit ihm auf dem Kreuzzug von 1190 starb, Heinrich, der ihm als Kaiser folgte, Konrad, der Herzog von Schwaben wurde und Philipp. Dem Erbvertrag zufolge gingen die welfischen Länderreien Oberschwabens, die Dienstmannen und damit auch der Truchsess von Waldburg an Konrad, den Herzog von Schwaben und, als dieser 1196 starb, an dessen jüngeren Bruder Philipp. Als nun aber 1198 auch Kaiser Heinrich mit nur einem minderjährigen Sohn in Sizilien eines frühen Todes starb, geriet der junge Philipp unversehens als Anwärter für die deutsche Kaiserkrone in den Mittelpunkt der Geschichte und mit ihm Heinrich von Waldburg: Heinrich wurde der Truchsess des ganzen Reiches und folgte seinem König Philipp die folgenden Jahre treu, was nicht immer einfach war. Durch den Tod des Kaisers sah Otto von Braunschweig, der Sohn Heinrichs des Löwen, seine Chance auf den Thron gekommen und er bekämpfte König Philipp mit aller Härte. Selbst Walther von der Vogelweide sprach sich in seinem sogenannten "Philippston" für den jungen Staufer aus. Durch das ganze Reich zogen der König und sein Truchsess mit ihrer Heermacht und sie kämpften eine Vielzahl von Schlachten gegen den Welfen Otto. Heinrich von Waldburg eroberte Aachen, die alte Krönungsstadt, um für Phillip die Krone zu retten und wurde dort nach langer Belagerung wieder vertrieben. Im Jahre 1208 befanden sich die beiden in Bamberg, wo der König im Bischofspalast zu ruhen gedachte. Zur Mittagszeit erschien Otto von Wittelsbach, ein vermeintlicher Getreuer des Königs, dem Philipp einst die Hand seiner Tochter Beatrix versprochen hatte, vor dem Palast und verlangte, vorgelassen zu werden. Der Wittelsbacher war voll Zorn, weil Philipp, nun, da er König geworden war, die Hand seiner Tochter anderweitig vergeben wollte. Der zornige Bayer war bekannt für die Kunststücke, die er zur Unterhaltung mit dem Schwert vollführen konnte und so konnte er die Waffe vor dem König behalten. Hier aber zog er sie unvermittelt und stürzte sich auf Philipp. Heinrich von Waldburg war der einzige, der zugegen war. Er zog selbst das Schwert, um den König zu schützen, doch Otto streckte ihn mit einem Hieb ans Kinn nieder. Dann ermordete er den König und entfloh ungestraft. Dieses Unglück führte dazu, dass der Welf Otto Kaiser werden konnte. Auch um sich zu legitimieren heiratete Otto Prinzessin Beatrix, die Tochter von Philipp von Schwaben und er machte dessen Truchsess, Heinrich von Waldburg, zu seinem Reichstruchsessen. Allerdings starb Heinrich von Waldburg bereits 1209. Er hinterließ keine männlichen Erben, weshalb ein anderer die Herrschaft über Waldburg zugesprochen bekam: Eberhard von Tanne.

Dort, wo sich heute das Dörfchen Alttann

Eberhard
von Tanne

befindet, stand einst die Burg der Herren von Tanne. Diese werden bereits 1170 als Dienstmannen der Welfen erwähnt und scheinen als solche genau wie die Waldburger mit dem Tod Welfs VI. an die Staufer gegangen zu sein. Eberhard von Tanne begleitete vermutlich seinen Herren, Friedrich Barbarossa, auf dem Kreuzzug. Zusammen mit seinem Bruder Berthold wurde er zum Schenk (Mundschenk, eines der vier Hofämter) Oberschwabens ernannt. Ebenso wie Heinrich von Waldburg kamen auch die von Tannes an der Seite ihres Herren Philipp von Schwaben durch den Tod Kaiser Heinrichs zu Macht und Ansehen. Weil Philipp überraschend deutscher König wurde, übertrug er seinem Schenken Eberhard die Regierung Schwabens, um sich selbst um den Krieg gegen den Gegenkönig Otto kümmern zu können. Nachdem Philipp in Bamberg ermordet und der Welf Otto zum Kaiser gekrönt wurde, fehlt plötzlich jede geschichtliche Spur der von Tannes, so dass es scheint, als seien sie unter dem Welfen in Ungnade gefallen.

Dies ändert sich erst, als Friedrich II, der Neffe des Königs Philipp und König Siziliens, ins Land kam, um den ungeliebten Kaiser Otto zu entmachten: In Konstanz hatten sich die deutschen Fürsten versammelt, um über den König zu entscheiden. Während Kaiser Otto bereits in Meersburg auf eine Überfahrt nach Konstanz wartete, ritt Eberhard nach St. Gallen, um Friedrich zur Eile zu bewegen. Er galoppierte mit Friedrich nach Konstanz, wo dieser von den Fürsten zum König bestimmt wurde, gerade noch rechtzeitig, bevor Otto um Einlass in die Stadt bat. Für Otto blieben die Tore verschlossen. Zum Dank für seine Hilfe wurde Eberhard vom neuen König Friedrich zum Vormund der Tochter des verstorbenen Waldburgers Heinrich ernannt. Er erhielt dessen Burg und 1214 das schwäbische Truchsessenamt.

Noch bis 1218 dauerte der Krieg gegen den Welfen Otto, dann hatte Friedrich sein Reich gesichert. 1220 ernannte er seinen minderjährigen Sohn Heinrich zum deutschen König und unter anderen Eberhard von Waldburg zu dessen Vormund. Er selbst wollte nach Rom, nach Sizilien und auf Kreuzzug nach Palästina ziehen. Doch bereits in Norditalien wurde er angegriffen, so dass er zur Sicherheit seine Reichsinsignien zurück auf die Waldburg schickte. Hier lagerten sie unter der Obhut von Eberhard von Waldburg, der so während der Abwesenheit Friedrichs zusammen mit seinem Neffen Konrad von Winterstetten faktisch das Reich regierte. Diese besondere Nähe zum Kaiser demonstrierte er, indem er das Stauferwappen, drei schwarze Löwen auf goldenem Grund, übernahm, die bis heute das Wappen der Waldburger zieren.

Als Aufbewahrungsort der Reichs-insignien und als Stammburg eines der wichtigsten Reichsverwalter während der

Die Waldburg
um 1220

Abwesenheit Friedrich II. wurde von Eberhards Burg ein entsprechendes Aussehen verlangt: Über der nördlichen Wehrmauer wurde der Palas erbaut, dessen Bausubstanz in den unteren zwei Stockwerken noch heute der damaligen entspricht. Der zentrale Wehrturm, der bislang das Hauptgebäude gebildet hatte, wurde abgerissen. Die Ost- und die Südseite der Ummauerung wurde von vielfältigen Wirtschaftsgebäuden eingenommen.

Bis ins Jahr 1235 hielt Eberhard von Waldburg die Fäden des Reiches in seiner Hand, dann verstarb er im Mai diesen Jahres.

Ein kurzer Blick in die Kreuzzüge mag erlaubt sein, soweit sie im Zusammenhang zum Haus Waldburg interessieren: Weil der byzantinische Kaiser Alexios I. von den Seldschuken (den späteren Türken) bedroht war, wandte er sich an den Papst um Hilfe. Dieser, Urban, löste 1095 mit dem Aufruf „Gott will es" zunächst in Frankreich, später in ganz Europa eine Massenbewegung mit dem Ziel, das heilige Land zu befreien, aus. 1099 wurde Jerusalem erobert. In dieser Zeit wurden in Palästina und im Libanon vier Kreuzfahrerstaaten, das sogenannte Outremer oder Königreich Jerusalem errichtet. Als im Jahre 1046 einer dieser Kreuzfahrerstaaten, die Grafschaft Edessa, zurück an die Muslime fiel, rief der Papst abermals zu einem Kreuzzug auf. Der dritte Kreuzzug wurde 1189 ausgerufen, nachdem 1187 die Stadt Jerusalem an die Muslime unter dem ägyptischen Sultan Saladin gefallen war. Dieser Kreuzzug wurde auf deutscher Seite vom Kaiser selbst, Friedrich Barbarossa, angeführt und wir können mit großer Wahrscheinlichkeit davon ausgehen, dass auch Eberhard von Tanne-Waldburg mit von der Partie war. Friedrich Barbarossa starb allerdings bereits auf dem Weg in Kleinasien. Sein Sohn, der ebenfalls den Namen Friedrich trug, starb ebenfalls 1191 in Palästina, so dass es letztlich, sechs Jahre später zu jener Konstellation kommen konnte, dass der jüngste Sohn Barbarossas, zum Thronanwärter wurde. Prinz und später König Philipp, dem die Waldburger so nahe standen, war mit einer byzantinischen Prinzessin verheiratet, was ihn stets mit der Notwendigkeit eines Kreuzzuges liebäugeln ließ.

In den Jahren 1228 und 1229 schließlich begab sich Kaiser Friedrich II. auf Druck des Papstes auf Kreuzzug, was den Tanne-Waldburg jene wichtige Funktion bei der Verwaltung des Reiches eröffnete.

Im Zusammenhang mit der Zeit Friedrich II. sollen auch die Reichsinsignien, die von 1220 bis spätestens 1240 auf der Waldburg aufbewahrt wurden, genauer betrachtet werden: Die Reichskleinodien sind die Herrschaftsinsignien der Kaiser und Könige des römisch-deutschen

Reichsinsignien

Kaiserreiches. Zu ihnen gehören als wichtigste Teile die Reichskrone, die Heilige Lanze und das Reichsschwert, aber auch der Reichapfel. Heute werden sie in der Schatzkammer der Wiener Hofburg aufbewahrt. Bis zur Zeit Kaiser Karls IV. war der Bestand des Reichsschatzes nicht stabil. Bis ins 15. Jahrhundert hinein hatten die Reichsinsignien keinen festen Aufbewahrungsort und begleiteten manchmal den Herrscher auf seinen Reisen durch das Reich. Vor allem bei Auseinandersetzungen um die Rechtmäßigkeit der Herrschaft war es wichtig, die Insignien zu besitzen, um dem Ritus der Krönung angemessen zu genügen und so die Untertanen vom eigenen Herrschaftsanspruch überzeugen zu können. So war die Situation im welfisch-staufischen Thronfolgekrieg nach 1197 beispielsweise recht verzwickt: Heinrich von Waldburg hatte für König Philipp die alte Krönungsstadt Aachen eingenommen und wartete nun auf seinen Herren, der dort die Zeremonie vollziehen wollte. Dann allerdings rückte das Heer des Welfen Otto an, belagerte Heinrich und eroberte die Stadt. So kam es zu der Lage, dass Otto zwar in Aachen, also am richtigen Ort, allerdings ohne die rechten Insignien gekrönt wurde, während zur Krönung Philipps zwar die Insignien vorhanden waren, der rechte Ort aber verwehrt blieb.

Ein Verein aus Waldburg hat es sich zum Ziel gesetzt, Nachbildungen der Reichsinsignien auf der Waldburg zur

Ausstellung zu bringen. So kommt es, dass mittlerweile Szepter, Reichslanze und Reichsapfel auf der Burg ausgestellt werden. Das Szepter ist offensichtlich ein barockes Stück und als solches sicher nicht zwischen 1220 und 1240 auf der Burg aufbewahrt worden. Die Reichslanze dagegen war im Mittelalter eines der zentralsten Stücke der Kleinodien und so verbergen sich einige sehr interessante Geschichten hinter ihr: Die mittelalterlichen Könige glaubten zunächst, die Waffe stamme von Mauritius, einem römischen Legionär, der für das Christentum den Märtyrertod fand. Wann sich dieser Glaube wandelte, so dass nun angenommen wurde, die Lanze stamme von Longinius, jenem Legionär, der der Bibel zufolge die Waffe bei der Kreuzigung in die Seite Jesu' stieß, ist nicht mehr nachvollziehbar. In die Lanze eingeschmiedet ist ein Nagel, von dem geglaubt wurde, er sei einer der Kreuzesnägel Jesu'. Die Tatsache, dass die Waffe dem Glauben nach im Blut des Erlösers getränkt war, führte zu der Überzeugung, dass der Besitz dieser Waffe unbesiegbar mache. So wurde sie beispielsweise im Kriegsfall als Fahnenspitze dem Heer vorangetragen.

Tatsächlich haben moderne Untersuchungen zweifelsfrei festgestellt, dass die Lanze als karolingische Flügellanze nicht vor dem 8. Jahrhundert hergestellt worden ist und dass auch der integrierte Nagel aus jener Zeit stammt. Allerdings hinderte das nicht daran, die Waffe auch in modernster Zeit mit Mythen zu umranken.

1938 ließ Hitler die Reichsinsignien nach dem Anschluss Österreichs nach Nürnberg bringen. Viele glaubten und glauben auch heute noch, dass der spirituelle Flügel der Nationalsozialisten („Ahnenerbe") damit Unbesiegbarkeit im Krieg verband. 1945 fielen die Reichsinsignien in die Hände der Amerikaner und wurden von diesen nach Wien zurück gegeben. Für Viele sind diese Geschehnisse zu unspektakulär, so dass es den verbreiteten Glauben gibt, die Insignien seien durch Kopien ersetzt worden. Insbesondere das Original der heiligen Lanze sei demzufolge mittlerweile verschollen. Dies führt dazu, dass sie, auch unter dem Namen „Speer des Schicksals" in der modernen Unterhaltungsindustrie eine Rolle spielt: Im Hollywoodfilm „Constantine" mit Keanu Reeves gelingt es einer satanistischen Verschwörung, die Lanze in die Hände zu bekommen und so den Sohn Satans auf der Erde zu manifestieren. In „Quest – auf der Suche nach dem Speer des Schicksals" will eine Sekte mithilfe der Lanze die Weltherrschaft erlangen. Auch in dem populären Computerspiel „Thomb Raider" kann die Protagonistin Lara Croft die Lanze in einem versunkenen U-Boot aus dem zweiten Weltkrieg finden.

Einer der Söhne Eberhards von Tanne-Waldburg, er trug ebenfalls den Namen Eberhard, wurde 1248 Bischof von Konstanz und spielte von

Bischof
Eberhard

diesem Ort aus eine wichtige Rolle in der regionalen Geschichte. Im Jahre 1252 geriet Bischof Eberhard in Streit mit Abt Berthold von St. Gallen und nachdem etliche päpstliche Vermittlungsbemühungen nicht fruchteten, zog er mit Heermacht gegen das Kloster. In diesem Krieg verwüsteten die beiden geistlichen Herren mit ihren Heeren das Territorium des jeweils anderen erheblich. In jener Zeit ging auch eine Klage des Klosters Kreuzlingen beim Papst ein: Bischof Eberhard verwende die Erträge des Klosters nur für sich und er habe im Krieg gegen St. Gallen seine Soldaten im Kloster Kreuzlingen untergebracht, so dass die Armen und Kranken, die dort Zuflucht gefunden hatten, vertrieben wurden. Ob dieser Sache wurde Eberhard vom päpstlichen Legaten gebannt. Um den Streit beizulegen, musste Eberhard 1254 selbst nach Rom ziehen um beim Papst vorzusprechen.

1257 beanspruchte der König Kastiliens den deutschen Thron und gemeinsam mit seinem Widersacher Abt Berthold machte sich Eberhard auf die Reise dorthin. Diese gemeinsame Unternehmung förderte allerdings nicht den Frieden der beiden Herren. Kurz nach ihrer Rückkehr wollten Mönche von Reichenau den dortigen Abt ermorden und um Ordnung zu schaffen riss Bischof Eberhard die Verwaltung des Klosters Reichenau an sich. Für diese Aufgabe aber hatte der Papst wiederum den Abt von St. Gallen bestimmt, so dass es abermals zum Streit der Kontrahenten kam, der erst durch ein gemeinsames Erscheinen der beiden vor dem Papst geklärt werden konnte.

Gegen die Anweisung des Papstes begehrte Eberhard auf, als er gegen dessen erklärten Willen den letzten Staufer, den jungen Konradin, unterstützte und zum schwäbischen Herzog machen wollte. Nach Konradins Enthauptung 1268 gab es keine namhaften Anwärter auf den schwäbischen Herzogsthron mehr, so dass das Land in Anarchie verfiel. Alleine die beiden mächtigsten Fürsten – Bischof Eberhard und Abt Berthold – wirkten dem entgegen und etablierten sich gewissermaßen als Ordnungsmacht am Bodensee. Zum Ende seines Lebens unterstützte der Bischof den Grafen Rudolf von Habsburg und erlebte als Krönung seiner Bemühungen kurz vor seinem Tode dessen Wahl zum deutschen König mit.

Spätmittelalter

Den Anlass für den kompletten Umbau des Kapellenturmes der Waldburg im Jahre 1313 wissen wir heute nicht mehr. Möglicherweise machte der Torturm, nachdem er seit 1220 kein Tor mehr beinhaltete, einfach keinen Sinn mehr. So wurde seine Süd- und Westmauer eingerissen und in der heutigen Form, mit fast doppelter Grundrissgröße, wieder aufgebaut. Selbst das Dach gibt noch heute, von außen betrachtet, den Zustand von 1313 wieder.

Eine kleine Anekdote wird über den Bau des Gewölbes im Palaskeller erzählt. Max Haller, der Gastronom im Palaskeller, hat sie von einem Zieglermeister aus Vogt erfahren. Das Tonnengewölbe des Palas auf der Waldburg sei eines der ältesten Gewölbe dieser Art in Süddeutschland. Damals, als einer der waldburger Herren es errichten ließ, habe er von dem damit beschäftigten Zieglermeister eine Garantie gefordert. Zu diesem Zweck setzte sich der Waldburger mit dem Handwerker zu einem Bier zusammen. Zunächst habe der Meister behauptet, das Gewölbe halte mindestens hundert Jahre, woraufhin der Graf entgegnete, wenn dies nicht der Fall sei, so lasse er die Nachfahren des Zieglermeisters zu dem Zeitpunkt, zu dem das Gewölbe zusammenbreche, hinrichten. Nach dem zweiten Bier ließ sich der Handwerker zu einer Garantie über zweihundert Jahre hinreißen und so fort. Nach dem zehnten Bier behauptete er, das Gewölbe halte mindestens tausend Jahre. So kommt es, dass der Zieglermeister aus Vogt noch heute mit seinem Leben für den Erhalt des Gewölbes in der Pflicht steht und tatsächlich: Es hält noch immer!

Ende des 14. Jahrhunderts war keine gute Zeit für den Adel. Die Pest hatte die Untertanen dahingerafft und die reichen Händlerstädte erkämpften sich ein Adelsprivileg nach dem anderen. Als Johannes von Waldburg 1362 die Regentschaft übernahm, hatte er eine heruntergewirtschaftete Herrschaft. Aber er stellte sich als sehr geschickter Verwalter heraus. So gelang es ihm, vom Kaiser als Landvogt von Schwaben bestellt zu werden. Die Landvogtei Schwaben, die ihren Sitz auf der Ravensburg hatte, war ein letztes Überbleibsel der Reichsgewalt aus dem zerfallenen Reich der Staufer. Mit der Vogtei versuchten die habsburger Kaiser, den Landfrieden und die Rechte des Reiches und des Adels in der Region durchzusetzen. Damit kollidierten die Vögte allerdings oft mit den Interessen der immer mächtiger werdenden Händlerstädte. So war es in jener Zeit, dass die Städte Ulm, Konstanz, Überlingen, Memmingen, Biberach, Isny und Leutkirch den sogenannten Schwäbischen Städtebund gründeten, um sich gegen die Ansprüche des Adels verteidigen zu können. Es war damals üblich, dass entflohene Leibeigene vom

Hans mit den vier Frauen

Land in den Städten nach Jahr und Tag Aufnahme als Bürger fanden. Die Landesherren verloren so wichtige Arbeitskräfte.

Johannes konnte die Lage des Hauses Waldburg durch eine Vielzahl von Heiraten konsolidieren. Sämtliche seiner vier Frauen verstarben zu seinen Lebzeiten, was einerseits sicher sehr unglücklich war, ihm andererseits aber reichhaltige Ländereien und noch bessere Kontakte bis zum Kaiserhof einbrachte. Richtig spannend wurde es in Johannes Leben, als 1385 die Städte Zürich, Bern, Solothurn und Zug dem Schwäbischen Städtebund beitraten, denn die Städte der Eidgenossen vertraten eine wesentlich kompromisslosere Haltung zur Unabhängigkeit vom Adel als die oberschwäbischen Städte. Erzherzog Leopold von Vorderösterreich bestimmte Johannes zum Landvogt von Aargau, Thurgau, Schwarzwald und Clarus und als solcher war es seine Aufgabe, ein Heer gegen die rebellierenden Städte zu sammeln. 1386 kam es zum Krieg, der sowohl auf Seiten der österreichischen Habsburger als auch auf der Seite der Schweizer mit aller Härte geführt wurde. Am 9. Juli begegnete Erzherzog Leopold mit seinem berittenen Heer bei Sempach einem Heer von wütenden schweizer Bauern. Die darauffolgende Schlacht von Sempach war eine verheerende Niederlage für die Kaiserlichen. Leopold fand den Tod und Landvogt Johannes wurde schwer verwundet. Die Schweizer dagegen waren ihrer Unabhängigkeit ein gutes Stück näher.

Als Folge auf die Schlacht wurden 1389 alle Städtebünde im Reich verboten, was für diese natürlich ein Kriegsgrund war. So erklärte bald darauf Johannes von Waldburg der Stadt Ravensburg den Krieg, weshalb die erbosten Ravensburger das Stadtschloss des Waldburgers zerstörten. Wenig später war Johannes an einem Überfall auf Wangen beteiligt. Die bewaffneten Adligen drangen beim Schmiedeviertel in die Stadt ein. Hier aber rüsteten sich die Schmiede mit ihrem Werkzeug und es gelang ihnen, die Angreifer zurückzuschlagen. Johannes' Knie wurde von einem Schmiedehammer zerschmettert, weshalb er von seinen fliehenden Mitstreitern auf der Burg Leupolz zurückgelassen wurde. Hier jedoch wurde sein Aufenthalt vom dortigen Turmwächter, einem Bürger Wangens, verraten, so dass der Landvogt in die Gefangenschaft des Städtebundes geriet. Er wurde erst freigelassen, als er seine Ansprüche gegen Ravensburg fallen ließ und sich in Abhängigkeit zum Städtebund begab. Er musste zukünftig zum Beispiel gegen den sogenannten Schleglerbund, eine Vereinigung von Adligen, die bewaffneten Straßenraub gegen die Händler der Städte betrieb, vorgehen. Mit der Zeit allerdings verbesserte sich die Zusammenarbeit mit dem Städtebund: Johannes trat mit seinen Städten und Ländereien dem schwäbischen Städtebund bei, was unter anderem mit sich brachte, dass die Leibeigenen seiner Ländereien in den

Städten keine Aufnahme mehr fanden. Im Jahre 1397 schließlich war die Freundschaft mit Ravensburg soweit gediehen, dass Johannes zusammen mit anderen Adligen und Patriziern der Stadt die Trinkgemeinschaft „Zum Esel" gründen konnte.

Nicht ganz in dieses Bild des neuen Friedens passen die Baumaßnahmen, die Johannes in den Jahren 1399 bis 1401 an der Waldburg ausführen ließ: Um die gesamte Anlage wurde eine zusätzliche Zwingmauer gebaut und die Wehrmauern rundum wurden so weit aufgestockt, dass sie der Höhe der heutigen Nordmauer über dem Burgtor entsprachen. Vom Tal aus muss die Burg damit einen sehr wehrhaften und massiven Gesamteindruck hinterlassen haben und so mehr denn je einer klassischen Ritterburg geglichen haben.

Die Waldburg nach 1401

Johannes von Waldburg hinterließ drei Söhne, Eberhard, Jakob und Georg, die sich einigten, den väterlichen Besitz unter sich zu teilen. Es kam zur Erbteilung von 1429. Im Teilungsvertrag wurde unter anderem festgelegt, dass die Waldburg unter den drei Linien geteilt werden sollte und dass sie sämtlichen Linien offen stehen sollte. So kommt es, dass die Burg in besonderen Ehren gehalten wird und dass sie nicht, nachdem sie keine Funktion mehr hatte, als Steinbruch ausgemerzt wurde. So ist die Waldburg heute als eine der besterhaltensten Burgen mit mittelalterlichem Baukern erhalten geblieben.

Johannes von Waldburg-Sonnenberg

Während die eberhardinische Linie sehr schnell ausstarb, sind aus der jakobinischen, die sich nach einer später erworbenen Grafschaft sonnenbergische Linie nannte, bemerkenswerte Taten überliefert. Ein Historiengemälde auf der Waldburg erinnert an einen Kriegszug, den Erzherzog Sigmund von Tirol 1487 gegen Venedig führte. Damals lagen sich das venezianische und das deutsche Heer lange gegenüber, als eines Tages ein Trompeter vor dem deutschen Lager erschien und im Auftrage seines Herren, Antonio Maria di San Severino nachfragte, ob dort nicht ein Standesgenosse sei, der sich mit ihm im Zweikampf messen möge. Johannes von Sonnenberg erklärte sich für diesen Kampf bereit. Der Verlierer sollte in die Gefangenschaft des Gewinners geraten, sich aber für 1000 Dukaten daraus lösen können. Außerdem sollte der Gewinner das Pferd und den Harnisch des Unterlegenen erhalten. Weil die beiden Kontrahenten sich sprachlich nicht verständigen konnten, wurde ein Codewort vereinbart, mit dem der unterlegene mitteilen sollte, dass er zum Aufgeben bereit war: Sancta Katharina. Von einer bestimmten Anzahl Begleitern umgeben und mit vorher festgelegten Waffen versehen, standen sich die beiden Kämpfer gegenüber. Zuerst ritten sie mit Spießen bewaffnet aufeinander zu. Antonio Maria konnte seinen Spieß auf

Johannes zertrümmern, verlor dann aber die Kontrolle über das Pferd und fiel.

Beide zogen Schwerter und, wenn die Überlieferung richtig ist, gelang es dem Venezianer, seinem Gegner das Schwert zu entwinden, obwohl dieser noch zu Pferd saß. Er konnte daraus aber keinen Vorteil ziehen, weil dieser nach seinem Streitkolben griff und weiter auf Antonio Maria eindrang. Dann jedoch verlor auch Johannes von Waldburg die Kontrolle über sein Pferd und musste absitzen. Er zog den Degen und stellte sich seinem weiter mit Schwert bewaffneten Gegner am Boden. Nach jeweils nur einem Stich kamen sie ins Ringen, wobei der Venezianer sein Schwert verlor. Beide fielen auf die Erde. Hier gelang es Johannes, den Harnisch seines Gegner etwas anzuheben und seinen Degen, den er mit der Hand an der Schneide fasste, so dass er sich selbst verletzte, in Stellung zu bringen. Er verwundete den Venezianer, so dass dieser das verabredete Zeichen, Sancta Katharina, rufen musste, um nicht noch schwerer verletzt zu werden.

Der Zweikampf hatte zwar keinen unmittelbaren militärischen Nutzen, sicher jedoch Folgen für die Motivation der Deutschen. Als es bald darauf zur Schlacht kam, wurden die Venezianer geschlagen. Zum Dank baute Johannes von Sonnenberg in Wolfegg eine Kirche, die der heiligen Katharina geweiht wurde und in deren Deckengemälde der Zweikampf verewigt wurde.

Johannes verheiratete seine Tochter Apollonia mit Georg III. aus der georginischen Linie der Waldburger, dem späteren „Bauernjörg". Auf diese Art gelang es Georg III., bedeutende Teile des Waldburger Besitzes wieder in eine Hand zu bekommen. Als Johannes 1510 starb heißt es, sein Geist sei noch mehrere Tage auf Schloss Wolfegg umgegangen, so dass sein Schwiegersohn eigens einen Exorzisten anheuern musste.

Die werdenberger Fehde

Auch von Johannes Bruder Andreas, dem Letzten aus der jakobinisch-sonnenbergischen Linie gibt es spannende Geschichten zu berichten: Andreas hatte seinen Sitz auf Schloss Scheer in unmittelbarer Nähe des Grafen Felix von Werdenberg-Sigmaringen, der als sehr streitlustig galt. Die sogenannten Werdenberger Fehden, in denen sich Felix mit seinen Nachbarn bekriegte, sind ein komplexes und umfangreiches Thema, so dass es kaum einer Legende bedarf, um den Konflikt zwischen Felix von Werdenberg und Andreas von Waldburg-Sonnenberg zu begründen. Dennoch gibt es die Geschichte, dass Andreas bei der Hochzeit eines Württembergers in Stuttgart von der Empore der Kirche herab den kleingewachsenen Werdenberger ob seiner Größe verspottet habe. Wenig später lauerte Felix von Werdenberg dem Sonnenberger bei einem Jagdausflug am Bussen auf und ermordete ihn. Obwohl es klarer und nachweisbarer Mord war, gelang es den Waldburgern nicht, vor einem ordentlichen Gericht zu klagen, weil Werdenberg über hervorragende Beziehungen zum Kaiser verfügte. 1530 wurde Felix von Werdenberg bei einem Reichstag in Augsburg ermordet aufgefunden. Waldburgern konnte keine Beteiligung an der Tat nachgewiesen werden. Angeblich gab es jedoch Zeugenaussagen, die ein Rumpeln im Sarg des Ermordeten vernommen haben wollten, das auf einen vom Rumpf getrennten Kopf hingewiesen haben könnte. Die Enthauptung wäre die angemessene Strafe für einen Mörder gewesen.

Renaissance

Der Bauernjörg

Die populärste und dabei umstrittenste Figur in der Geschichte der Waldburger ist mit Sicherheit Truchsess Georg III., der als „Bauernjörg" geachtet und gefürchtet wurde. Glaubt man der familiären Geschichtsschreibung, so war er ein hervorragender Feldherr mit großen militärischen Fähigkeiten und geht man nach dem Rechtsempfinden des Adels seiner Zeit, so entspricht das mit Sicherheit auch der Wahrheit. Bereits nach 1805, beispielsweise in dem Buch „Lichtenstein" des Württembergers Wilhelm Hauff wird sein Bild eher durchwachsen und glaubt man neueren Beurteilungen wie dem Buch „Ihr da oben, wir da unten" von Günther Wallraff und Bernt Engelmann, dann war er ein grausamer und skrupelloser Schlächter, der damals unter den Bauern derart wütete, dass der Widerstandswille des deutschen Volkes nachhaltig gebrochen wurde. Es ist also offensichtlich, dass die geschichtliche Beurteilung dieses Mannes nicht ganz einfach ist, dass er sich aber langfristig ins kollektive Bewusstsein gegraben hat.

Zunächst trat er in den Dienst des Ulrich von Württemberg, den er jedoch quittierte, als sich der Württemberger durch einen feigen Mord und die Eroberung der freien Reichsstadt Reutlingen unbeliebt gemacht hatte. Jetzt trat er als Heerführer in den Dienst des

Schwäbischen Bundes, eroberte Stuttgart und jagte seinen vorherigen Herrn, Ulrich von Württemberg, ins Exil. Wilhelm von Waldburg, Georgs Vetter, wurde Statthalter in Stuttgart.

Eigentliche Berühmtheit erlangte Georg, als er im Frühling 1525 ein Söldnerheer im Auftrag des Schwäbischen Bundes gegen die aufständischen Bauern in Oberschwaben führte, um so den Bauernkrieg niederzuschlagen. Ende März 1525 sammelte sich Georgs Heer in Ulm. Ein Stück Donau abwärts bei Leipheim hatten sich um den Prediger Jakob Wehe 5.000 Bauern versammelt, die im weiteren Umkreis Klöster und Adelssitze plünderten. Das Heer marschierte nach Leipheim und rieb schon auf dem Weg dorthin einzelne plündernde Bauerngruppen auf. Am 4. April kam es zur ersten großen Schlacht bei Leipheim, in der der Leipheimer Haufen besiegt wurde. Die Stadt Leipheim musste ein Strafgeld zahlen; Wehe und die anderen Führer des Haufens wurden hingerichtet. Am 12. April stellte die Streitmacht des Schwäbischen Bundes den Baltringer Haufen, der schnell besiegt werden konnte. Die Bauern wurden entwaffnet, und jeder musste ein hohes Strafgeld zahlen. Am 13. April musste sich der Truchsess mit seinem Heer vor dem militärisch recht gut ausgebildeten Seehaufen zurückziehen und traf einen Tag später, am 14. April, bei Wurzach auf die eigenen Bauern des Allgäuer Haufens. Er verhandelte mit ihnen und konnte sie überzeugen, ihre Waffen niederzulegen. Am 17. April traf er vor Weingarten auf den gut gerüsteten Seehaufen und Bauern des Allgäuer Haufens. Ein militärischer Erfolg wäre hier zweifelhaft gewesen. So machte er seinen Gegnern Zugeständnisse und garantierte ihnen freien Abzug und ein unabhängiges Schiedsgericht zur Austragung ihrer Konflikte. Im Vertrag von Weingarten wurde der Bauernkrieg in Oberschwaben beendet.

Eigentlich sollte Georg von Waldburg dann zum Hohentwiel ziehen, um dem dort exilierten Ulrich von Württemberg den Garaus zu bereiten, doch die Kunde von aufständischen Bauern im Neckartal lenkte sein Heer nach Norden. Die Bauern wurden bei Balingen, Rottenburg und Herrenberg geschlagen. Am 12. Mai kam es in der Schlacht bei Böblingen zum Zusammentreffen des gut ausgebildeten Söldnerheeres mit einer großen Überzahl von Bauern. Die Kampfkraft der Söldner bedeutete ein Desaster für die Bauern, von denen Tausende ihr Leben ließen. Der deutsche Bauernkrieg im Südwesten war damit niedergeschlagen.

1525 folgte Georg seinem Verwandten Wilhelm als Statthalter von Stuttgart nach. Hier nutzte er die reichhaltigen württemberger Archive für sein Hobby: Familienforschung. Die von ihm in Auftrag gegebene Pappenheimer Truchsessenchronik ist eine der ältesten und reichhaltigsten Familiengeschichtsschreibungen eines adeligen Hauses. Es ist also dem Bauernjörg zu verdanken, dass die

Geschichte des Hauses Waldburg zu den besterforschten Adelsgeschichten Deutschlands gehört.

1526 wurde Georg und der Familie von Waldburg zudem von Kaiser Karl V. in Anerkennung der Verdienste das Amt des Reichserbtruchsessen verliehen.

Der Begriff Truchsess entstammt dem althochdeutschen Trucha sazu, was nicht der volksethymologischen Bedeutung „Truhensitzer" entspricht, sondern soviel wie „Vorsitzender des Trosses" bedeutet. Der Tross als das Reisegefolge hatte besonders bei den mittelalterlichen Kaisern eine herausragende Bedeutung, waren sie doch nicht an einen Regierungssitz gebunden, sondern reisten zwischen ihren verschiedenen Pfalzen hin und her. Bereits seit Ende des 12. Jahrhunderts hatten die älteren Waldburger bei der oberschwäbischen Welfenlinie die Truchsessenfunktion inne, die sie beim Übergang des Gebietes auf die Staufer und über deren König Phillip bis zu Kaiser Otto VI. auf Reichsebene ausbauen konnten. Die Nachfolger der älteren Waldburger, die Herren von Tanne, bekamen um 1214 von Kaiser Friedrich II. das Amt der kaiserlichen Truchsessen zugesprochen, dass sie für längere Zeit ausübten. 1354 regelte Kaiser Karl IV. mit der „Goldenen Bulle" das Truchsessenamt auf Reichsebene neu, indem er die vier Hofämter den Pfalzgrafen zusprach. Spätestens zu diesem Zeitpunkt also verloren die Waldburger die Truchsessenwürde. Allerdings bekamen sie sie im Jahre 1525 als Erbtruchsessen und im Jahre 1526

Das Truchsessenamt

als Reichserbtruchsessen abermals zugesprochen, so dass sich der Titel bis heute als Namensbestandteil der Waldburger erhalten hat.

Der Reichsapfel, der das vollständige Wappen der Waldburger ziert, erinnert übrigens nicht an die Aufbewahrung der Reichsinsignien auf der Waldburg im Hochmittelalter, wie vielfach angenommen wird. Vielmehr macht er auf das Amt des Truchsessen aufmerksam: Es war Aufgabe des Reichstruchsessen und damit ab 1525 der Waldburger, bei der deutschen Kaiserkrönung den Reichsapfel dem Kaiser voran zu tragen.

Die Waldburg
nach 1550

Die alte, trutzige Ritterburg, wie sie einst von Johannes II. von Waldburg errichtet wurde, entsprach den Anforderungen, die die Zeit an einen Adelswohnsitz stellte, schon lange nicht mehr. Längst war die Waldburg gegenüber anderen waldburger Schlössern wie Wolfegg, Waldsee, Wurzach, Scheer und Zeil in den Hintergrund geraten. Zum ersten Mal seit 1429 konnte aber mit Georg III. eine Person die gesamte Waldburg als Besitz auf sich vereinen. Diesen Umstand nützten sein Sohn Georg IV. und sein Enkel Jacob, die durch den Vater beziehungsweise Großvater zudem sehr wohlhabend geworden waren, zu umfangreichen Bautätigkeiten. Aus der spätmittelalterlichen Ritterburg sollte ein Renaissance-Schloss werden. Ab 1550 wurde der Palas praktisch komplett ausgeweidet und mit der heutigen Innenraumgliederung versehen. Der Treppen- und der Toilettenturm entstanden und dem Palas gegenüber wurde das Wirtschaftsgebäude erstellt. Das Ergebnis ist jener stattliche Bau, der in weitesten Teilen dem heutigen Zustand der Anlage entspricht.

Der Toilettenturm aus der Mitte des 16. Jahrhunderts stellt für die damalige Zeit eine geradezu revolutionäre hygienische Errungenschaft dar. Dies zeigt ein Vergleich der Waldburg mit dem Schloss der französischen Könige in Versailles. Obzwar dieses Schloss erst gut hundert Jahre nach der Renovierung der Waldburg erbaut wurde, gibt es in dem gesamten Bauwerk keine einzige Toilette. Verglichen mit den französischen Königen ist damit der Standard der Waldburger ganz beachtlich.

Im zweiten Obergeschoss der Waldburg befindet sich ein Zimmer, das gemeinhin Geburts- und Sterbezimmer genannt wird. Damit hat es folgende Bewandtnis: In den 50er-Jahren veröffentlichte die oberschwäbische Schriftstellerin Maria Müller-Gögler ihren Roman „Die Truchsessin" über Maria von Öttingen, die Gemahlin des Bauernjörgs. In dem Buch wird erzählt, dass es alte Tradition der Waldburger sei, sich anlässlich einer Geburt oder zum Sterben auf die Stammburg des Geschlechts zurück zu ziehen. Ob sich hinter dieser Geschichte tatsächlich ein Fünkchen Wahrheit verbirgt oder ob sie nur gut erfunden war, lässt sich heute nicht mehr feststellen.

Geburts- und Sterbezimmer

Auf jeden Fall hielt sie sich so hartnäckig, dass das Zimmer auch nach der Renovierung von 1995 mit einem Bett (dem Sterbebett) und einer Kinderwiege ausgestattet wurde.

Bereits eine Generation nach dem Bauernjörg sollte wieder ein Waldburger Geschichte schreiben. Ein Bruder jenes Wilhelms von Waldburg, den einst der Bauernjörg zum Statthalter von Stuttgart gemacht hatte, wurde Kardinal von Augsburg. Otto, so sein Name, vertrat in diesen wilden Zeiten der Reformation einen kompromisslos katholischen Standpunkt. Er gründete in Dillingen eine Jesuitenuniversität als Zentrum der Gegenreformation und stimmte als einziger gegen den Augsburger Religionsfrieden. Um die nach der Reformation in Deutschland ausbrechenden Unruhen zwischen den protestantischen und katholischen Reichsständen zu befrieden, kamen die Fürsten und die Stände im September 1555 nach Augsburg, um einen Reichstag abzuhalten. Die Fürsten formulierten hier nicht mehr eine religiöse, sondern eine politische Kompromissformel, der beide Seiten zustimmen konnten: Wer das Land regiert, solle den Glauben bestimmen: „cuius regio, eius religio" (wessen Land, dessen Religion). Unter anderem wurde im Augsburger Religionsfrieden auch bestimmt, dass von den fünf Kurfürsten, denen die Wahl des Kaisers oblag, zwei protestantischen, drei aber katholischen Bekenntnisses sein sollten.

Als Zögling hatte Kardinal Otto von Augsburg seinen Neffen Gebhard aufgenommen. Weil Gebhard über herausragende Begabungen verfügte, konnte ihn der Kardinal in beste Positionen für eine geistliche Laufbahn bringen. Obgleich er nicht immer ein tadelloses geistliches Leben führte, konnte sich Gebhard 1577 bei der Wahl zum Erzbischof von Köln gegen seinen Mitbewerber, den Herzogsbruder Ernst von Bayern, durchsetzen. Zunächst scheint er ein recht guter Erzbischof gewesen zu sein, doch änderte sich dies, als er 1579 die Stiftsdame Agnes von Mansfeld, eine schöne Adlige aus altem protestantischem Hause traf.

Erzbischof Gebhard von Waldburg

Anfangs hielt er diese Liebschaft geheim, doch wandte er sich, als sie an die Öffentlichkeit geriet, immer mehr protestantischen Anschauungen zu. Dies war auch in sofern verhängnisvoll, als mit dem Kölner Bischofsamt die Kurfürstenwürde, also das Recht der Kaiserwahl, verbunden war. Ein Religionswechsel Gebhards bedeutete eine protestanische Mehrheit im Kurfüstenkollegium und war damit ein Bruch der Bestimmungen im Augsburger Religionsfrieden. Während also Gebhard in Köln die Religionsfreiheit einführte, bestimmte der Papst dessen alten Widersacher Ernst von Bayern zum neuen Erzbischof Kölns. Schnell waren Verbündete gefunden: Auf bayrischer Seite der Kaiser, der Papst und Spanien, auf Gebhards Seite die protestantischen Kurfürsten und die Städte der Niederlande. Unterhaltsam ist hier die Anekdote, nach der Agnes von Mansfeld nach London reiste, um dort die Unterstützung der Königin Elisabeth zu gewinnen. Von dieser wurde sie voll Wut abgewiesen und aus dem Palast gejagt, weil sie der unmittelbar zuvor hingerichteten Maria Stuart ähnlich gesehen habe.

Um den Bischofsstuhl von Köln kam es zum sogenannten kurkölnschen oder truchsessischen Krieg von 1583/84, der für Gebhard sehr unglücklich verlief. Während die katholische Seite Ernst von Bayern zum Erzbischof machen konnte, blieb Gebhard zusammen mit seiner Gemahlin die Flucht, zunächst in die protestantischen Niederlande, dann ins württembergische Straßburg. Hier starb er hochverschuldet im Jahre 1601.

Interessant ist in diesem Zusammenhang, dass Gebhard bereits im Jahre 1792 mit dem weitgehend unbekannten Liebesroman „Gebhard, Truchses von Waldburg, Churfürst von Köln oder die astrologischen Fürsten" Eintritt in die Literatur erhielt.

Karl und die innsbrucker Inquisition

Auch im Süden, im Stammgebiet der Waldburger, blieben die Abenteuer des Erzbischofs Gebhard nicht ohne Folgen. Gebhard hatte hier zwei Brüder, den älteren, Christoph, der damit die ältere Waldburg-Trauchburg-Linie anführte und den Jüngeren, Karl, der unter anderem die Herrschaften Friedberg-Scheer und Bussen erbte. Besonders Karl tat sich durch die finanzielle und militärische

Unterstützung seines Bruders hervor, was nach der Niederlage vor allem einen großen Schuldenberg bedeutete. Zu Karls Besitzungen zählten Ländereien an der oberen Donau zwischen Scheer, Herbertingen, Riedlingen und dem Bussen. Diese Ländereien waren einst als Pfandschaft vom österreichischen König an Waldburg gelangt. Als Erbe des Kaisers beanspruchte der vorderösterreichische Erzherzog in Innsbruck diese Ländereien von Karl zurück und ließ zu diesem Zweck eine sogenannte Inquisition einrichten, deren Berichte uns heute sehr genauen Aufschluss über die Zustände in Karls Ländereien geben. Beispielsweise lässt sich nachweisen, wie dies in der Studie „Ir aigen libertät" getan wurde, dass bei Hexenverbrennungen in diesen Gebieten häufig Frauen aus der Mitte der Gesellschaft die Opfer wurden. Dies ist bemerkenswert, weil im Gegensatz dazu normalerweise die Opfer von Hexenverbrennungen vom Rand der Gesellschaft stammten. Erklärt wird dieser Widerspruch damit, dass der Besitz der Opfer an die Herrschaft fiel und dass Karl in dieser Praxis ein geeignetes Mittel sah, seine finanziellen Schwierigkeiten aus dem kurkölnschen Krieg anzugehen.

Andererseits führte die innsbrucker Inquisition dazu, dass die Bauern Karls darin unterstützt wurden, keine Abgaben mehr an ihre Herrschaft zu zahlen, so dass sich in diesen Ländereien eine eigene Tradition des Widerstandes und der bäuerlichen Selbstverwaltung herausbildete. Letztlich fielen die

Ländereien an Karls Bruder Christoph, der sie an Innsbruck abgeben musste. Eine andere Eigenheit erinnert bis heute an die Irrwege des Bischofs Gebhard. Nicht nur die Statuen auf dem Altar der Kapelle der Waldburg sondern auch die Namen etlicher Angehöriger des Hauses erinnern daran, dass sich die Hausheiligen des Hauses Waldburg Willibald, Wunibald und Walburga, einst großer Beliebtheit erfreuten. Bei den drei Heiligen handelte es sich um Helfer des heiligen Bonifatius, die dieser im achten Jahrhundert zur Heidenmission aus England nach Deutschland brachte. Nach jenem einzigen Ausbruch in den Protestantismus des sonst streng katholischen Hauses Waldburg schien es angeraten, sich in besonderer Weise der Fürsprache von Heiligen anzuempfehlen. Die Einführung der Hausheiligen ist mit Sicherheit im Zusammenhang mit dem Abfall Gebhards zu betrachten.

Der kurkölnsche Krieg war einer der entscheidenden Schritte hin zum Dreißigjährigen Krieg. Die Gegensätze, die in der Reformation hervorgetreten waren, konnten nicht dauerhaft durch den Augsburger Religionsfrieden beseitigt werden. Die Gegensätze zwischen katholischen Habsburgern und protestantischen Mächten einerseits, andererseits zwischen Österreich und Frankreich fanden zwischen 1618 und 1648 über dreißig Jahre lang ihren Ausdruck in kriegerischen Konflikten. Durch Kriegshandlungen, Seuchen und Hungersnöte wurden ganze Landstriche entvölkert. In Süddeutschland beispielsweise überlebte nur ein Drittel der Bevölkerung.

Auch während dem Dreißigjährigen Krieg spielten die Waldburger eine Rolle. Maximilian Willibald von Waldburg-Wolfegg war damals der führende Vertreter des Hauses. Nachdem seit 1618 in einer endlosen Aneinanderreihungen von Schlachten auf protestantischer Seite erst der pfälzer Kurfürst Friedrich und dann der niederländische König Christian von der kaiserlichen Armee unter den Feldherren Tilly und Wallenstein unterlegen waren, sah der schwedische König Gustav Adolf das Kaiserreich soweit geschwächt, dass er seine Interessen in Mitteleuropa durchsetzen konnte. Dem schwedischen König gelang es, General Tilly zu schlagen, so dass sein Vormarsch nach Süddeutschland nicht zu halten war. Während sich König Gustav Adolf in München auf den Thron des bayrischen Herzogs setzen konnte, zog eine Abteilung seines Heeres unter General Horn nach Südwesten, wo sie zunächst die Waldburg plünderte und dann bis Konstanz vordrang. Obzwar es für Maximilian Willibald eine Folge von Niederlagen bedeutete, die Schweden bis nach Konstanz vorrücken zu sehen – immerhin mussten sie dazu das Kerngebiet seiner Herrschaft durchqueren – begründete er bei der Verteidigung Konstanz' seinen Ruf als großer Verteidiger. Ob es tatsächlich seine militärischen Fähigkeiten waren

Max Willibald von Waldburg

oder ob nicht der Kriegsverlauf für den Rückzug der Schweden verantwortlich war, sei dahingestellt. Immerhin hatte der Kaiser im April 1632 seinen Feldherren Wallenstein damit beauftragt, ein neues Heer aufzustellen, das dieser bei Lützen zusammenzog. Gustav Adolf und damit auch sein General Horn waren also gezwungen, nach Norden zu ziehen und sich Wallensteins Heer zu stellen. In der Schlacht bei Lützen verlor König Gustav Adolf am 19.November 1632 das Leben, was allerdings keine Niederlage der Schweden bedeutete. Im Gegenteil wurde Wallenstein geschlagen, so dass die Schweden, nun unter ihrem Kanzler Alex Oxenstierna, ihren Kriegszug durch Deutschland fortsetzen konnten. Während einige protestantische Fürsten mit dem Kaiser Frieden schlossen, verbündete sich Schweden mit Frankreich, so dass noch bis 1648 weitergekämpft wurde. Gegen Ende des Krieges – in Münster und Osnabrück verhandelten die kriegsführenden Parteien schon seit 1643 – zogen abermals schwedische Kontingente durch Oberschwaben. Sie brannten nicht nur Schloss Wolfegg sondern auch die alte Herzogenfeste Ravensburg nieder. Nur in Lindau gelang es, die Stadt gegen die Schweden zu verteidigen – wiederum unter dem Befehl von Maximilian Willibald von Waldburg. Eine Anekdote erzählt, dass der schwedische General Wrangel als Rache für die bei Lindau erlittene Schmach auch Schloss Zeil dem Erdboden gleich machen wollte. Nur durch Zufall gelang es einem Leutkircher Bürger, den General darauf aufmerksam zu machen, dass es sich bei der Linie Waldburg-Zeil um eine ganz andere Familie handelte als bei den Grafen von Waldburg-Wolfegg, zu denen Maximilian gehörte. Für seine Verdienste bekam Maximilian von Waldburg vom Kaiser 70 000 Gulden versprochen, Gelder mit denen er nicht nur die weltberühmte Wolfegger Kupferstichsammlung begründete, sondern mit deren Hilfe sich die Familie noch 1803 die Fürstenwürde erkaufen konnte.

Die Kupferstichsammlung des Maximilian Willibald enthielt auch Karten und darunter ein Stück, das zu einiger Bedeutung gelangen sollte: Im Jahre 1507 ließ der Herzog von Lothringen eine Karte der damals bekannten Welt anfertigen. Der Beauftragte, ein Gelehrter namens Martin Waldseemüller aus Basel, verzeichnete darauf zum ersten mal die neu entdeckten Ländereien jenseits des Atlantiks. In Ermangelung eines gebräuchlichen Namens und in Unwissenheit über den tatsächlichen Entdecker benannte er sie nach dem italienisch-spanischen Seefahrer Amerigo Vespucci als Amerika. Von der Karte wurden etliche Kopien gefertigt. Als nun der Fehler, die irrtümliche Benennung des Kontinents, entdeckt und beanstandet wurde, wurden die meisten dieser Kopien eingesammelt und vernichtet. Umsonst, denn der Name Amerika hatte sich längst durchgesetzt. In den Sammlungen der Waldburger auf Schloss Wolfegg allerdings hatte sich eine – manche sagen, es sei die einzige – dieser Karten erhalten. Nachdem sich die Amerikaner

Die Amerikakarte

bereits zu Beginn des 19. Jahrhunderts um den Kauf der Karte bemühten, was jedoch an Auslieferungsgenehmigungen scheiterte, konnten sie sie vor wenigen Jahren endlich für eine erkleckliche Summe erstehen. Das wertvolle Stück der Waldburger hängt jetzt in der amerikanischen Nationalbibliothek. Im dritten Stockwerk der Waldburg wird ein Faksimile ausgestellt.

Ein anderer bedeutender Kulturschatz, das Nibelungenlied, hat tatsächlich nichts mit den Waldburgern zu tun. Wäre die Geschichte jedoch nur um ein Geringes anders verlaufen, so müsste man die Waldburgern mit der Nibelungenhandschrift in Verbindung bringen. Der Lindauer Arzt Jacob Hermann Obereit fand um 1779 im Schloss Hohenems die Handschriften „A" und „C" des Nibelungenliedes. Das Grafengeschlecht Hohenems war im Mannesstamm ausgestorben, so dass die wertvollen Handschriften in den Besitz der einzigen Erbin Maria Walburga von Harrach-Hohenems-Lustenau kamen. Genau im selben Jahr, 1779, heiratete die Erbgräfin Clemens von Waldburg-Zeil. Dieser erwarb von ihr ihren Besitz im Jahr 1813. Weil sie kinderlos blieben, adoptierten sie einen Sohn des Fürsten Maximilian Wunibald von Waldburg-Zeil und setzten ihn als Alleinerben ein. Dieser, Graf Maximilian Clemens, begründete die Linie Waldburg-Zeil-Hohenems. Leider verschenkte Erbgräfin Maria Walburga die unschätzbar wertvollen Handschriften bereits im Jahr 1807, so dass sie nie in den Besitz der Waldburger kamen.

Die letzten 200 Jahre

Es ist gut möglich, dass der Abstieg Waldburgs in die politische Bedeutungslosigkeit bereits zu Zeiten von Maximilian Wunibalds Vater Franz-Anton von Waldburg-Zeil begann. Dieser war um das Jahr 1760 als Rat der bayrischen Regierung damit betraut, die immensen Schulden zu tilgen, die sich das Königreich aufgeladen hatte. Als nun bedingt durch den Preussisch-Schlesischen Krieg die bayrische Regierung seinem „Schuldenabledigungswerk" eine Absage erteilte, kehrte er der großen Politik den Rücken, um sich fortan nur noch um die Belange seiner Grafschaft auf Schloss Zeil zu widmen. Möglicherweise hätten Kontakte nach München und in die große Politik dem Sohn Maximilian Wunibald geholfen, die an ihn gestellten Aufgaben erfolgreicher zu bewältigen. Ab 1775 kämpften unter anderem auf waldburger Gebiet hauptsächlich kaiserliche Truppen gegen die Revolutionäre Frankreichs. Als das Kriegsglück gegen Wien stand, schlossen Baden und Württemberg Neutralitätsverträge mit Frankreich, während sich Waldburg nicht so schnell aus seinen Verpflichtungen gegen Österreich winden konnte. Nach dem Ende des ersten Koalitionskrieges wurde eifrig an einer

Max Wunibald von Waldburg

Neugestaltung des Reiches gewerkelt. Der Krieg hatte die Stimmen im Reichsrat zugunsten protestantischer Stände geändert, so dass der Kaiser daran interessiert war, die katholische Partei zu stärken. Waldburg-Wolfegg wurde deshalb angedeutet, zur Tilgung von Schulden, die das Kaiserhaus noch aus Zeiten des Dreißigjährigen Krieg hatte, die Fürstenwürde, die mit Stimmrecht im Reichstag verbunden war, erlangen zu können. Während Wolfegg zunächst wenig Interesse an der Fürstenwürde zeigte, erschien sie für Maximilian Wunibald das rechte Mittel, in dieser unruhigen Zeit politisches Gewicht für die Durchsetzung der Interessen Waldburgs zu gewinnen. Alle Linien des Hauses Waldburg erhielten so die Fürstenwürde, allerdings sollte nur der Senior, also der insgesamt älteste Vertreter der Linien, das Wahlrecht im Reichstag ausüben. Zusätzlich verlangte das Kaiserhaus eine immense Geldsumme, die alle Linien Waldburgs zunächst in Schulden stürzte.

1805 jedoch kam die Kehrtwende. Napoleon hatte in der Schlacht bei Austerlitz das österreichische Heer besiegt. Der Kaiser war zur Abdankung gezwungen und gab seine Ansprüche auf die deutschen Reichsgebiete auf. Anstelle der alten Reichsverfassung war plötzlich die sogenannte Rheinbundakte, eine Abmachung zwischen napoleontreuen Ländern, getreten. Sehr schnell stellte sich heraus, dass die waldburger Ländereien in das neu zu schaffende Königreich Württemberg eingegliedert werden sollten und dass die vormaligen

Grafschaften beziehungsweise Fürstentümer ihre Souveränität an König Friedrich von Württemberg verloren. Die Zeit zwischen 1805 und 1814 war eine fortwährende Demütigung für den oberschwäbischen Adel. Neben immer neuen Abgaben und dem Verlust fast aller Standesrechte dachte man sich in Stuttgart eine Anwesenheitspflicht beim Königshof aus: Die Standesherren hatten mehrere Monate im Jahr in Stuttgart zu verbringen. So hoffte man, die Opposition auf dem Land auszutrocknen. Zeitweise mussten die Waldburger den Reichsapfel, der ihre Wappenkrone zierte, entfernen, da das Amt des Erbtruchsessen formell erloschen war.

Als Napoleon 1813 besiegt wurde, hoffte man auf die Wiederherstellung der alten Zustände. Als Kaiser Franz II. von Österreich einmal Wurzach durchreiste, bereitete man ihm einen triumphalen Empfang, als sei er noch regierendes Staatsoberhaupt. Aber die Wiener Konferenz erfüllte die Hoffnungen der Standesherren nicht und so waren auch die letzten Lebensjahre Fürst Maximilian Wunibalds ein ständiger Kampf gegen Stuttgarter Willkür. Er gründete einen Verein der Standesherren zur Herstellung der alten Rechte. Zeitweise saß er gar dem württembergischen Landtag als Präsident vor. Einmal wurde er im Verlauf seiner Tätigkeit wegen Landesverrat angeklagt. Er starb 1818.

Constantin von Waldburg-Zeil-Trauchburg wurde gerade geboren, als sein Großvater, Maximilian Wunibald, 1807 zur Huldigung vor dem württembergischen König Friedrich antrat, die er als „Leichenzug hochadliger Schlachtopfer" bezeichnete. Die Unzufriedenheit des Großvaters ging auch auf den jungen Constantin von Waldburg über. Als Student in Tübingen wurde er einmal verhaftet, weil er sich weigerte, in einem Bereich, in dem Reiten verboten war, vom Pferd zu steigen. In den 30er-Jahren leistete er Widerstand gegen die protestantische Kirchenpolitik der württemberger Könige, doch seine große Zeit sollte die deutsche Revolution von 1848/49 werden. Im Februar 1848 gelang es in Frankreich, den König abzusetzen und eine republikanische Verfassung durchzusetzen. Kurz darauf konnten in Mannheim Bürger des Großherzogtums Baden demokratische Reformen erzwingen. Überall in Deutschland kämpften Bürger und Arbeiter für mehr Freiheitsrechte gegenüber dem Adel. In Frankfurt organisierte ein Vorparlament Wahlen zum ersten gesamtdeutschen demokratischen Parlament und für den christlich-konservativen Flügel im Kreis Biberach/Leutkirch wurde Constantin von Waldburg-Zeil ins Paulskirchenparlament nach Frankfurt gewählt. Bereits die Wahl eines Standesherren durch das Volk in das Parlament war eine Sensation. Interessant ist nun ein Meinungswechsel, den Constantin in diesen Tagen vollzog. Als Standesherr hatte er sich bisher an der Seite ultramontaner Katholiken für ein „göttliches Naturrecht", in dem alter Adel „von Gottes Gnaden" Herrschaft ausübte,

Konstantin und die Märzrevolution

eingesetzt. Der Begriff Ultramontanismus bedeutet „von jenseits der Berge" und meint damit die Befugnisse des Papstes jenseits der Alpen, dem alleinige Entscheidungsgewalt in Kirchenbelangen zufallen sollte. Diese Anschauung vertrug sich eigentlich gar nicht mit liberalen oder republikanischen Anschauungen, die dem Volk die Souveränität verschaffen sollten. In jenen Tagen der Frankfurter Paulskirchenversammlung muss Constantin zu der Einsicht gekommen sein, dass die alte, feudale Herrschaftsform nicht mehr zu retten war. Dafür aber sollten auch die sogenannten Mittelmächte, die damals herrschenden Oberhäupter von Staaten wie Württemberg und Baden, keine Souveränität ausüben. Sie sollten dasselbe Schicksal erleiden wie die mediatisierten Standesherren. Deshalb stimmte er als Abgeordneter im Parlament häufig mit den liberalen und republikanischen Fraktionen. Diese Haltungen brachten ihm schnell den Spitznamen „der rote Fürst" ein. Zum Zeichen seiner politischen Ansichten ließ er die schwarz-rot-goldene Fahne über Schloss Zeil hissen.

Doch von langer Dauer war das Parlament in Frankfurt nicht. Bereits im September 1848 kam es zu Straßenschlachten gegen österreichische und preußische Truppen in Frankfurt. Der preußische König lehnte jede Zusammenarbeit mit dem Parlament ab und im Frühling 1849 mussten die verbliebenen Parlamentarier nach Stuttgart fliehen, wo ihr Parlament am 19.

Juni entgültig aufgelöst wurde.
Im Nachklang der Revolutionsunruhen bezeichnete Constantin die Politik des württembergischen König als Schande, was ihm als schwere Majestätsbeleidigung ausgelegt wurde. So musste er zwischen 1850/51 eine fünfmonatige Haftstrafe auf dem Hohenasperg verbüßen. Constantin kämpfte für soziale und demokratische Errungenschaften, ob aus sozialer Überzeugung oder aus Verbitterung über die Anektion der waldburger Ländereien durch Württemberg und die autoritäre Regierung in Stuttgart bleibt dahingestellt. Aus gesundheitlichen Gründen zog er sich aus der Politik zurück und starb 1862.

Karl von Waldburg-Syrgenstein

Ein Sohn von Constantin machte in anderen Bereichen auf sich aufmerksam. In der wilhelminischen Zeit Ende des 19. Jahrhunderts war es modisch, dass sich Herren der besseren Gesellschaft aufmachten, um für deutsche Interessen die Welt zu erkunden. Einer dieser höhergestellten Weltenbummler war Graf Karl von Waldburg, der an einigen Expeditionen, unter anderem nach Spitzbergen und ins hintere Sibirien teilnahm. Unter den Teilnehmern der Sibirienexpedition von 1876 war neben dem Waldburger auch Alfred Brehm, der berühmte Zoologe, der durch sein Werk „Brehms Tierleben" der Nachwelt in Erinnerung bleiben sollte. Später kaufte Karl von Waldburg das Schloss Syrgenstein und begründete so die Nebenlinie Waldburg-Syrgenstein.

Eine Nichte wiederum von Karl von Waldburg-Zeil heiratete den amtierenden Fürsten von Waldburg-Wolfegg. Sie spielte als leuchtendes Vorbild für einen katholischen Lebenswandel eine Rolle. Im Jahr 1910 erschien unter dem Titel „Fürstin Sophie von Waldburg zu Wolfegg und Waldsee – ein Lebensbild" das Büchlein eines Jesuitenpaters, in dem das Leben eben jener Sophie, die unmittelbar zuvor verstorben war, beschrieben wurde. Es handelt von dem durch und durch tugendhaften Leben einer fürstlichen Hausfrau und Mutter auf Schloss Wolfegg, die sich insbesondere als Fördererin und Spenderin für die katholische Kirche verdient gemacht hatte. Im eigentlichen Sinne spannend ist an dieser Lebensbeschreibung im Grunde gar nichts. Allerdings schließt der Autor damit, Sophie sei „würdig geworden, den „Sueviae sanctae, den heiligen Dienerinnen des Schwabenlandes beigezählt zu werden, wenn ihr auch nicht die Ehre der Altäre zuteil wird."

Die "heilige" Sophie

Auch aus der Zeit des Dritten Reiches gibt es Bedeutendes aus der Familie zu berichten. Erich Fürst von Waldburg-Zeil war seinen katholisch-konservativen Überzeugungen fest verbunden. Die Bekanntschaft mit einem ebenso überzeugten Journalisten namens Gerlach veranlasste ihn dazu, während der Weimarer Republik eine Zeitschrift zu gründen, mit der eben diese Überzeugungen verbreitet werden sollten.

Erich von Waldburg-Zeil

So entstand „Der gerade Weg". Sehr schnell legte sich dieses Journal entschieden mit den extremen Strömungen seiner Zeit an, insbesondere dem Sozialismus und dem Nationalsozialismus, an. Unmittelbar nach der Machtübernahme der Nationalsozialisten 1933 wurde die Redaktion des Geraden Weges in München von der SA gestürmt. Redakteur Gerlach wurde schwer misshandelt und in ein KZ verschleppt, wo er ermordet wurde. Auch Erich Fürst von Waldburg-Zeil fürchtete als Besitzer der Zeitschrift Repressionen des Regimes, allerdings scheinen die Nationalsozialisten aufgrund seines Status von einer Verfolgung abgesehen zu haben.

Waldburger in neuerer Zeit

In neuerer Zeit ist es ebenfalls nicht uninteressant um die Waldburger geworden. Die beiden politisch links stehende Journalisten Günther Wallraff und Bernt Engelmann veröffentlichten ein Buch mit dem Titel „Ihr da oben – wir da unten", in dem sie sich unter anderem den Waldburgern widmen. Allerdings bleibt von diesem Buch außer pauschalen und schlecht recherchierten Anschuldigungen wenig haften. Interessant ist, dass auch die heutigen Waldburger oft mit ihrem berühmten Ahnen, dem Bauernjörg, in Verbindung gebracht werden. Für das Bild in der Öffentlichkeit war das Wirken Georgs III. sicher kein Segen und die Reduzierung der Familiengeschichte auf den Bauernkrieg ist angesichts der alten und reichhaltigen Geschichte nicht gerechtfertigt.

Der momentane Fürst von Waldburg-Zeil, Georg, führte das journalistische Engagement seines Vaters Erich fort und wurde Besitzer großer Anteile der Schwäbischen Zeitung. Sein Bruder Alois von Waldburg stand in jüngerer Vergangenheit als Bundestagsabgeordneter und Europaparlamentarier im Licht der Öffentlichkeit.

Die Burg selbst wurde Anfang des 20. Jahrhunderts umfangreich renoviert. Seit dieser Zeit trat auch die Nutzung der Waldburg als Museum immer mehr in den Vordergrund. Mitte der Achzigerjahre des vergangenen Jahrhunderts schien man das Interesse an der Burg verloren zu haben. Der Besitzer, das fürstliche Haus in Wolfegg, konnte oder wollte die Instandhaltungskosten nicht mehr bezahlen und aufgrund des baufälligen Zustandes der Burg musste sie für die Öffentlichkeit geschlossen werden. Auf Drängen der Bürgerinitiative „Rettet die Waldburg" e.V. wurde vom fürstlichen Haus, der Gemeinde Waldburg und dem Landkreis Ravensburg die Renovierung in Angriff genommen, in deren Rahmen auch eine umfangreiche baugeschichtliche Untersuchung statt fand. Diese drei oben genannten Institutionen sind Träger der Betriebsgesellschaft Museum auf der Waldburg mbH, die den laufenden Betrieb organisiert. Seit 2003 wird der Palaskeller als Ritterkeller mit Gastronomie und für Hochzeitsveranstaltungen genutzt.

Eine Legende besagt, dass der letzte Staufer Konradin den Waldburgern das Stauferwappen mit den drei Löwen gegeben habe, so dass diese es nach dem Untergang seines Hauses tragen. Möglicherweise sei dies aus Dankbarkeit für den Dienst jenes Waldburgers geschehen, der nach Konradins Hinrichtung in Neapel die Nachricht von seinem Tod zum König von Aragon brachte. Diese Legende ist falsch. Tatsache ist, dass die Waldburger bereits seit 1220 mit dem Stauferwappen siegelten, was ihre Würde als Verwalter Kaiser Friedrich II. während dessen Abwesenheit unterstrich.

Amüsant ist es, das waldburger Wappen in der Beziehung zu Württemberg zu sehen. Nachdem Georg III. 1519 den württembergischen Herzog Ulrich aus Stuttgart vertrieben hatte, wehte für einige Jahre die Fahne der waldburger Statthalter über Stuttgart. 1805 konnten die Stuttgarter sich rächen, als unter Napoleon die waldburger Ländereien dem neuen Königreich Württemberg zugeschlagen wurde. Erst im Jahre 1958 gelang es, diese Scharte auszuwetzen: Damals wurde beschlossen, das neugeschaffenen Bundesland Baden-Württemberg mit dem Wappen der Staufer zu präsentieren. So gesehen weht heute wieder, wie weiland 1519, die waldburger Fahne über Stuttgart.

Literatur

DORNHEIM, ANDREAS: Adel in der bürgerlich industrialisierten Gesellschaft., Europäische Hochschulschriften, Frankfurt Main/ Berlin 1993

FINSCH, OTTO: Reise nach Westsibirien im Jahre 1876, Druck von Adolf Holzhausen, Wien 1879

HAGGENEN S.J., CARL: Fürstin Sophie von Waldburg zu Wolfegg und Waldsee, Ein Lebensbild, Verlag von Carl Ohlinger, Mergentheim 1910

KIRCHER, WALTER-SIEGFRIED: Ein fürstlicher Revolutionär aus dem Allgäu. Fürst Constantin von Waldburg-Zeil, 1807-1862. Allgäuer Zeitungsverlag, Kempten 1980

MAYER, DR. BERND M.: Die Waldburg, in: Zeitzeichen Band 5, Kreissparkasse Ravensburg (Hg.), Ravensburg 2008

MAYER, DR. BERND M.: Die Waldburg – Museumsführer, Kunst und Kultur Schloss Wolfegg GmbH, Wolfegg 1996

MÖßLE, WILHELM: Fürst Maximilian Wunibald von Waldburg-Zeil-Trauchburg 1750 – 1818, W. Kohlhammer Verlag, Stuttgart 1968

MÜLLER-GÖGLER, MARIA: Die Truchsessin, Ludwig Frisch Verlag, Waldburg 1969

NAUBERT, BENEDIKTE: Gebhard, Truchses von Waldburg, Churfürst von Köln oder die astrologischen Fürsten, Frankfurt und Leipzig 1792

SCHNEIDMÜLLER, BERND: Die Welfen – Herrschaft und Erinnerung, Kohlhammer Urban, Stuttgart 2000

VOCHEZER, DR. JOSEPH: Geschichte des fürstlichen Hauses Waldburg, Kommissionsverlag der Jos. Kösel'schen Buchhandlung, Kempten 1888

WALDBURG-WOLFEGG (HG.), MAX GRAF ZU: Die Waldburg in Schwaben, Jan-Thorbecke-Verlag, Ostfildern 2008. Darin besonders Uhl, Stefan: Baubestand und Baugeschichte

ZÜRN, MARTIN: Ir aigen libertet, Waldburg, Habsburg und der bäuerliche Widerstand an der oberen Donau 1590 – 1790, bibliotheka academica Verlag, Epfendorf/Neckar 1998

Beiträge zu Hintergrundinformationen sind teilweise der Online-Enzyklopädie Wikipedia entnommen. www.wikipedia.de

book on demand
www.bod.de

Bernhard Pesch
Hauptstraße 34
88289 Waldburg
www.die-waldburg.de

Waldburg 2010